Golfech, vue de Montagudet

« *Révélations* » sur « *les
apparitions d'Astaffort* »
Jacques Brel / Francis Cabrel

(les secrets de la grotte Mariette)

Du même auteur*

Certaines œuvres sont connues sous différents titres.

Romans

Le Roman de la Révolution Numérique
La Faute à Souchon : (Le roman du show-biz et de la sagesse)
Quand les familles sans toit sont entrées dans les maisons fermées
Liberté j'ignorais tant de Toi (Libertés d'avant l'an 2000)
Viré, viré, viré, même viré du Rmi !
Ils ne sont pas intervenus (Peut-être un roman autobiographique)

Théâtre

Neuf femmes et la star
Les secrets de maître Pierre, notaire de campagne
Ça magouille aux assurances
Chanteur, écrivain : même cirque
Deux sœurs et un contrôle fiscal
Amour, sud et chansons
Pourquoi est-il venu :
Aventures d'écrivains régionaux
Avant les élections présidentielles
Scènes de campagne, scènes du Quercy
Blaise Pascal serait webmaster
Trois femmes et un Amour
J'avais 25 ans
« Révélations » sur « les apparitions d'Astaffort » Brel Cabrel

Théâtre pour troupes d'enfants

La fille aux 200 doudous
Les filles en profitent
Révélations sur la disparition du père Noël
Le lion l'autruche et le renard,
Mertilou prépare l'été
Nous n'irons plus au restaurant

* extrait du catalogue, voir page 45

Stéphane Ternoise

« *Révélations* » sur « *les apparitions d'Astaffort* » Jacques Brel / Francis Cabrel (les secrets de la grotte Mariette)

Sortie numérique : 15 juillet 2011

Edition revue et actualisée en mars 2014. Disponible en numérique et en papier.

Jean-Luc PETIT Editeur - collection Théâtre

Stéphane Ternoise versant dramaturge :

http://www.dramaturge.fr

Tout simplement et logiquement !

Site officiel : http://www.ecrivain.pro

© Jean-Luc PETIT - BP 17 - 46800 Montcuq – France

Stéphane Ternoise

« *Révélations* » sur « *les apparitions d'Astaffort* » Jacques Brel / Francis Cabrel (les secrets de la grotte Mariette)

En 1998, j'ai participé aux dixièmes rencontres d'Astaffort, retenu par Francis Cabrel, Richard Seff et leurs collaborateurs de l'association *Voix du Sud*.
Je suis auteur de chansons. http://www.auteurdechansons.net
Ce fut très décevant, d'un point de vue artistique. Vivant à une bonne cinquantaine de kilomètres, je suis passé à quelques sessions suivantes... pour diversifier ma documentation !
Avec ma première pièce de théâtre « *Vive le sud !* », furent publiées, en mai 2002, ces *Révélations sur « les apparitions d'Astaffort »* - *Jacques **Brel** / Francis **Cabrel.***

En 2011, pour la version numérique, ce texte fut légèrement retravaillé. Ce qui en fait une véritable courte pièce de théâtre ?
Relire et imaginer Francis Cabrel, redescendu

de la colline à dos d'âne, avec ses longs cheveux qui balaient le sol, déclenche toujours en moi le même sourire.

Cette pièce doit beaucoup à Jean-Louis Foulquier. Hé oui ! Qu'il en soit remercié, d'avoir osé le rapprochement Francis Cabrel / Bernadette Soubirous un soir sur France-Inter.

Contrairement à l'opinion parfois entendue dans le Lot, les « *rencontres d'Astaffort* » continuent...

Présentation

Des *rencontres d'Astaffort*, vous en connaissez la version officielle ? Vous avez participé ?

En 1998, Stéphane Ternoise a participé aux dixièmes *rencontres d'Astaffort,* retenu par Francis Cabrel, Richard Seff et leurs collaborateurs de l'association *Voix du Sud*. Une semaine dans le Lot-et-Garonne avec 19 autres « jeunes. » Objectif : fabriquer un spectacle, présenté en première partie d'un concert de Louis Chedid.

Est-ce un hasard si un certain Stéphane reçoit un ancien de ces stages artistiques ? L'auteur raconte alors les secrets de la grotte Mariette, révélations du « Keating de Toulouse »...

En 1973, Jacques Brel aurait fait une grande connerie et nous en subissons toujours les conséquences.

Cette pièce doit énormément à Jean-Louis Foulquier : un soir, sur *France-Inter*, il a lancé le rapprochement Francis Cabrel / Bernadette Soubirous...

« *Révélations* » sur « *les apparitions d'Astaffort* » Jacques Brel / Francis Cabrel (les secrets de la grotte Mariette)

Comédie contemporaine en deux actes

Sujet :

Quand un jeune auteur récemment revenu des rencontres d'Astaffort » reçoit « un ancien », qu'est-ce qu'ils se racontent ? Des histoires d'Astaffort.
Alors, ce « stage », un tremplin pour la gloire ? Francis Cabrel, un grand joueur de foot ? Le vrai nom de l'idole ? La sonorité Brel / Cabrel et certains propos peuvent laisser supposer...
Et comme à Lourdes, une histoire de grotte circule...

Décor :
Le modeste salon d'un appartement.

Personnages :

Stéphane : - Auteur de chanson récemment rentré des rencontres d'Astaffort.
Pascal : - Auteur également passé par ces rencontres d'Astaffort.

Les deux auteurs semblent n'avoir jamais obtenu de succès, peut-être même n'ont-ils jamais été chanté ailleurs qu'en spectacle de fin de ces « stages. » Ils ont à peu près le même âge, entre 25 et 30 ans.

« *Révélations* » sur « *les apparitions d'Astaffort* » Jacques Brel / Francis Cabrel (les secrets de la grotte Mariette)

Acte 1

Stéphane seul en scène, allongé sur le canapé, avec un bloc note et un stylo. On sent qu'il essaye d'écrire une chanson.

On sonne.

Stéphane, en se levant : - Pascal ! Je parie qu'on va passer l'après-midi à baver sur Astaffort, son Cabrel... (*en souriant**) et leur grotte !

* Ce sourire est essentiel : il instille un doute sur « la grotte. » L'auteur se fait-il une joie d'en parler maintenant qu'il appartient à « la grande famille des anciens » ? Croit-il en une invention du « Keating de Toulouse » ? A-t-il tout inventé avec l'intention d'utiliser Pascal pour répandre cette histoire ?...

Il ouvre.

Stéphane : - Salut l'ami !
Pascal : - Amigos !

Ils se serrent la main et se font la bise très show-biz.

Pascal : - Alors, ça s'est passé comment ?

Stéphane : - Bof... à part la grotte.

Pascal : - La grotte ? Quelle grotte ?

Stéphane : - Je suis de la grande famille maintenant, tu peux avouer !

Pascal : - Qu'est-ce que tu racontes ? Ils t'ont converti aux joints ?

Stéphane : - Tu n'as pas écouté et déliré dans la grotte ?... Et plus si affinités ?

Pascal : - Qu'est-ce que tu racontes ?

Stéphane : - Tu peux l'avouer, maintenant, je suis de la grande famille des anciens d'Astaffort.

Pascal : - C'est quoi de ton histoire de grotte ?

Stéphane : - Tu ne vas pas prétendre que tu ignores le secret de la grotte d'Astaffort !

Pascal : - Tu as fumé ? On affirme que certains reviennent en état de choc d'Astaffort, ça semble être ton cas !

Stéphane : - Mais alors, c'est fantastique... Je vais pouvoir te raconter !

Pascal : - Tu es sérieux !...

Stéphane : - Assieds-toi ! (*il va chercher deux bières, deux verres, les pose sur la table basse et ils s'assoient dans le canapé ; les bières seront vidées durant la pièce*)

Pascal : - C'est quoi, de ton histoire de grotte ?

Stéphane : - Donc tu n'as pas écouté le professeur Keating de Toulouse, que tout le monde se doit d'appeler « capitaine, oh mon capitaine » ?

Pascal : - Vous avez visionné *Le cercle des poètes disparus* !?

Stéphane : - Tu veux que je te raconte ou tu m'interromps avec des suppositions loufoques ? Tu sais bien qu'il n'y a pas de télé, 1 rue du Plapier. Francis retourne chez lui regarder le foot.

Pascal : - Je t'écoute, oh adjoint du capitaine !

Stéphane : - L'adjoint du capitaine, c'est *nain de grotte*, je te laisse deviner la tête du nain de grotte !

Pascal : - Du jardin à la grotte, il n'y a qu'un pas !

Stéphane : - Bon, tu sais qu'il est de bon ton d'aborder Francis comme le dernier grand poète, le digne descendant des troubadours et de Walt Whitman...

Pascal : - Tu crois qu'il a déjà lu une ligne de Walt Whitman !

Stéphane : - Avec Francis que tu aimes tant, tu as quand même joué au foot le jeudi ?

Pascal : - Une sacrée raclée pour l'équipe Cabrel. Mon plus beau but depuis que j'ai raccroché les crampons !

Stéphane : - Tu as joué au foot, un jour, toi ? Je te croyais allergique au sport !

Pascal : - J'ai eu moi aussi quinze ans mais qu'ils sont loin mes coups francs platiniens ! Je suis certain qu'il a encore perdu, Cabrel !

Stéphane : - Ça, ça doit être une question de tradition ! Donc, après le match, le grand baba cool, tu vois qui ?...

Pascal : - On m'a parlé d'un grand baba cool

15

mais il n'était pas venu, en tournée on nous a proclamé comme une grande nouvelle, en tournée des bistrots certains ont ajouté... c'est lui qui propose le cocktail joint plus baise ?

Stéphane : - C'est effectivement sa réputation ! On parle du même ! Donc, tout s'explique, tu n'es pas allé à la grotte car le professeur Keating de Toulouse avait trouvé une scène...

Pascal : - Alors raconte... si c'est intéressant... on parlera de tes bons contacts ensuite... Parce que les miens commencent à me désespérer... Tu as retenu son vrai nom à ton Keating de Toulouse ?... On en a causé...

Stéphane : - S'il reste dans l'histoire, ce sera uniquement pour avoir transmis le secret de la grotte, alors mieux vaut conserver « Keating de Toulouse »... Donc, après le match de foot, il nous donne rendez-vous sous le kiosque, à la fin du modeste repas offert par Sa Sainteté notre maître à tous... en nous alléchant, « je vais raconter tout ce que vous avez toujours voulu savoir sur Francis sans jamais oser le demander », il ajoute, « ceux qui ont du shit, amenez-le, je suis limite côté stock. »

Pascal : - Je croyais que tu ne fumais pas.

Stéphane : - Bin non, mais j'ai subi leur fumée. La loi n'est pas respectée... Mais bon, venons-en à l'essentiel : à 22 heures, tout le monde se retrouve devant la *music halle*. On est donc 22 avec nain de grotte.

Pascal : - Francis n'est pas là ?

Stéphane : - Francis sait, bien sûr, enfin

sûrement, il a mangé avec nous, nous a souhaité une bonne soirée avec un large sourire, ce qui décide les derniers sceptiques à participer au grand voyage.

Pascal : - Un large sourire chez Francis, il avait picolé ?

Stéphane : - Mais non... enfin, ce n'est pas le sujet, les rencontres auraient été créées dans ce but, c'est le sourire du maître dont le projet se réalise. Et il laisse son disciple transmettre le grand secret.

Pascal : - Elle est où cette fameuse grotte ?

Stéphane : - Marcher. Il faut marcher. Au moins une heure et demie. Comme des boy-scouts, en psalmodiant des airs traditionnels du sud-ouest.

Pascal : - Tu veux dire des chansonnettes de Francis ?

Stéphane : - Sur des musiques de Francis, mais avec des textes plus percutants.

Pascal : - Quel genre ?

Stéphane : - *Un chauffard*, tu connais ?

Pascal : - Quand même ! Pour dénigrer il est nécessaire de connaître ! Môme, c'était marrant son accent à la radio, ses galoches et sa peau de mouton à la télé...

Stéphane : - Est-ce que tu connais la version (*il se lève, mime une guitare, et chante très faux*)

Y'a les robes blanches qui s'effilent
Y'a l'envie qui t'accroche à ces fils
Quand t'es dans la zone tu bouges en douceur

Tu ne veux surtout pas qu'elles s'apeurent
Et s'il le faut tes mains tremblent
Pour qu'elles sentent que t'es un tendre
Même avec les filles difficiles
T'as la technique qui les enfile

Avec celles dont tu es l'idole
Tu siffles et elles s'affolent
Et quand l'excitation retombe
T'ajoutes un à ton carnet de nombres

Est-ce que tu as le cœur encore pire qu'une usine
Où tout ce qui s'y agglutine se calcine
Dès qu'tu propulses ton projectile
Entre les dociles hanches qui vacillent

Toi t'es un queutard / Toi t'es un queutard
Tu veux voir les blondes les rousses les brunes livides
C'est pour ça que t'accours toujours au mot femme torride
Toi t'es un queutard / Toi t'es un queutard

Une pause

Pascal : - Tu as le même problème que moi : on ne fera jamais chanteur ! Ou alors on nous accusera de parodier Renaud ! Mais continue !
Stéphane : - Hé oui, tu n'aurais pas interrompu un chanteur ! (*et la suite :*)

Tu dis que ça vaut bien un effort
D'oublier quelques instants la mort
D'être encore plus libre que dans le sommeil

Même si dès que tu te réveilles
Tu veux plus les avoir sur le dos les jolis démons
Tu sors quelques mots en verlan raisons bidons
Tu sais que t'es comme une anguille
Partout partouze tu te faufiles

Toi t'es un queutard
Toi t'es un queutard
Tu veux voir les blondes les rousses les brunes livides
C'est pour ça que t'accours toujours au mot femme torride
Toi t'es un queutard
Toi t'es un queutard

Tu dis que tu connais la femme par cœur
Et que tu préfères ses cris à ses odeurs
Que si un jour plus de starlettes
T'iras en chercher jusqu'aux bas fonds de la planète
Et tu dis que tu vibres quand les visages s'avancent
Et que la tendresse te laisse en transe
Et que t'es jamais aussi fébrile
Que quand les robes blanches s'effilent

Toi t'es un queutard
Toi t'es un queutard...

Pascal : - Super quand même ! Enfin, nettement mieux que l'original... niveau texte ! C'est de qui ?
Stéphane : - Anonyme, paraît-il. La

19

contribution des auteurs des neuf premières sessions que Keating a enregistré...
Pascal : - Tu en as d'autres ?
Stéphane : - Est-ce que tu vas trouver ?

J'étais déjà bien titubant
Avant que l'on m'entraîne
Je tournais comme un serpent
Autour du comptoir d'Eugène
C'était facile de m'entraîner
J'ai vidé un dernier Pernod
J'ai vu mes yeux dans la glace
Pour me les trouver encore beaux

Il m'a dit maintenant tu fais comme moi
Tu bois de la bonne bière
Il m'a dit pour les hommes c'est mieux que la soupe
C'est c'qui nous rend plus fier
On s'est payé quelques dizaines de pots
Moi j'trouvais la vie vraiment belle
Avec mon nouveau poteau
On était une bande de vrais rebelles

Pascal : - *Rosie*... et la suite, le refrain ?
Stéphane : - Je ne m'en souviens plus !
Pascal : - Fais un effort !...
Stéphane : - Mais te voilà passionné !
Pascal : - Tout ce qui se paye la tête du Cabrel va dans le bon sens... Tu sais que l'entartrer c'est mon rêve !
Stéphane : - Tu as déjà un plan ?
Pascal : - Un soir de *Victoires de la musique*, alors qu'il est en duplex d'Astaffort forcément,

les rencontres ayant été décalées tellement il est persuadé de triompher. Et Michel Drucker annonce : le Dieu vivant du sud-ouest n'a pas gagné ! Alors moi, boum !

Stéphane : - Tu as de bonnes idées... parfois !

Pascal : - Et le refrain de *Rosie ?* Tu le sors de ton tiroir ?

Stéphane : - Bon, tu as de la chance, j'ai aussi un peu de mémoire ! Enfin... (il prend son bloc note, feuillette, lit un peu...)

Pascal : - Super, si tu as tout noté ! Moi qui essayais de retenir !

Stéphane :

Oh demis, j'suis tout blanc
Ta mousse m'enterre
J'ai 'core tes bulles sous les dents
Et un goût plus qu'amer
Tout c'qu'il en reste à présent
Des traces de vomi par terre
Pas envie de sortir cette nuit.

Et je te sers même la fin pour le même prix !

Je suppose j'aurais dû me cuiter
Comme chaque jour au *Ricard*
Et t'empêcher de tout mélanger
Depuis j'ai les deux mains qui tremblent
Ce soir quand même j'ai compris
Seuls *Pernod* et *Ricard* s'assemblent... pour tenir la nuit

Pascal : - Le titre alors ce serait *demis*...

Stéphane : - Bien !

21

Pascal : - Une autre !
Stéphane : - La mieux : *Sarbacane*.
Pascal : - Pas la mieux de ses chansons !...
Stéphane : - Non, des trouvailles.
Pascal : - Vas-y !
Stéphane : - *Pire qu'un âne !*

On croyait que de rimer amour
avec toujours
Ça faisait p'tit rimailleur
Ça faisait toujours lourd
Et puis Cabrel fait un malheur
comme un sous Frédéric François
La variété est en émoi
Depuis ça

Le public est content
Il a raison toujours
Dit c'lui qui arrive
À vendre des CDs comme des p'tits fours
Les autres disent qu'il est pire qu'un âne
Aussi futile qu'une sarbacane
Et qu'il achète n'importe quoi
Même ça

Plus besoin d'idées ni de calembours
Si t'es souriant et qu'tu rimes amour

Finis les quatrains des mélomanes
Ciselés pour le cœur de Roxane
Tout le monde chante n'importe quoi
Depuis ça

Plus besoin d'idées ni de calembours
Si t'es souriant et qu'tu rimes amour

Pourvu que personne ne ridiculise
Les rimailleurs au bonnet d'âne
Qui s'en donnent à tiroir caisse joie
Depuis ça

Alors me voilà p'tit profane
En révolte contre tous ces ânes
Si comme moi tu as la vraie foi
Défends-moi... Défends-toi

Pascal : - Mais ça ferait un super album.
Stéphane : - Tu crois que personne n'a déposé les textes, on peut foncer ?
Pascal : - Tu l'as fait ?
Stéphane : - Je te l'avoue... mais comment savoir si je suis le premier !
Pascal : - Tu en as d'autres ?
Stéphane : - Pour le départ non... ça nous a quand même tenus en gaieté une heure et demie... Keating les chantait puis c'était notre tour, et ce connard de nain de grotte envoyait un coup de sarbacane puante quand on se trompait...
Pascal : - Et personne pour lui fracasser une bouteille de floc sur la tête !
Stéphane : - Donc on arrive. On est dans la grotte. On s'assied en position du Lotus pour ceux qui peuvent, ou simplement à l'indienne, autour du capitaine.
Pascal : - Et vous allez jouer au *cercle des poètes disparus*, inventer des bons textes sur ses musiques ?
Stéphane : - Tout faux... on va écouter... mais Keating s'en roule un à faire pâlir d'envie

Jacques Higelin... puis il commence... par rappeler l'histoire de Lourdes.

Pascal : - Lourdes ?

Stéphane : - Tu as connu le catéchisme ?

Pascal : - Oui... mais je ne vois pas le rapport avec Keating ou Cabrel.

Stéphane : - Sois pas si pressé ! En 1858, la Vierge apparaît à Bernadette Soubirous, dans la grotte de Massabielle, tu te souviens...

Pascal : - J'ai oublié toutes mes vies antérieures, à moins de ne pas en avoir vécues... mais je crois avoir entendu un grand homme en noir qui ne devait pas avoir lu Walt Whitman me raconter une légende comme ça ! L'abbé Décobert je crois... ou un truc comme ça...

Stéphane : - Tu racontes ton enfance ou tu veux connaître le secret des apparitions d'Astaffort ?

Pascal : - Vous avez fait de la magie noire ?

Stéphane : - Mais non ! On a juste écouté la légende... Je te résume, on en recausera plus tard si ça t'intéresse... Parce qu'il a quand même déballé durant deux heures, le Keating...

Pascal : - Résume !

Stéphane : - Bon, j'en étais à Lourdes. Bernadette Soubirous, Francis Cabrel, ça ne te dit rien comme rapprochement ?

Pascal : - J'avoue : non !

Stéphane : - Comme quoi tu devrais parfois écouter *France-inter*, plutôt que tes radios de djeunes !

Pascal : - Mais non ! C'est pour ça qu'on peut être amis ! On n'est pas sur le même créneau des paroliers.

Stéphane : - Sur ce sujet, tu as raison ! Mais si tu avais écouté *France-inter,* un soir tu aurais entendu Jean-Louis Foulquier, lors d'une interview, comparer Francis Cabrel à... Bernadette Soubirous... Ces propos peuvent être considérés comme la première fuite !

Pascal : - Tu m'embrouilles, là ! Reviens à Astaffort !

Stéphane : - Bon, j'en étais au rapprochement avec Lourdes. Après Bernadette Soubirous, Francis Cabrel ! Donc, Jésus, parce qu'en ce temps-là, tu sais que Francis, tout le monde l'appelait Jésus ?

Pascal : - Je me souviens de son look d'enfer, ça ne me surprend guère !

Stéphane : - Donc Jésus était avec ses potes, dans la grotte qu'on appelle désormais la grotte de Mariette.

Pascal : - Attends, je suis perdu, on est en quelle année ?

Stéphane : - 1973. Jésus a vingt ans.

Pascal : - Et il connaît déjà Mariette ?

Stéphane : - Si ce n'est elle, c'est donc une autre. Peu nous importe, elle n'a rien à voir dans la légende, on sait juste qu'il y avait une blonde, alors pour ne pas blesser sa susceptibilité, on utilise le nom de Mariette... La grotte de Mariette, en référence aussi à la grotte de Massabielle de Bernadette, tu n'as pas suivi !

Pascal : - Mais si ! Elle croit les paroles de *Je l'aime à mourir*, Massabielle Soubirous *!*

Stéphane : - Tu veux connaître les révélations ou flageller notre Jésus ? Jésus et Madeleine, je ne vais quand même pas me lancer dans ton éducation judéo-chrétienne !

Pascal : - Je t'écoute, ami, sur Astaffort. (*il boit une gorgée de bière*)

Stéphane : - Les marlous d'Astaffort avaient pris l'habitude, tout le monde au village déplorait la sale habitude, de fumer des joints dans la grotte, et comme tu le sais, la tournante n'est pas une invention des banlieues, elle était très pratiquée dans les années soixante-dix, c'était la gym, l'émancipation sexuelle...

Pascal : - Les veinards, pas de sida !

Stéphane : - Eh oui, je te parle d'un temps... bon revenons à la grotte. Pas besoin d'avoir lu Catherine Millet pour imaginer les mœurs de l'époque.

Pascal : - Elle venait dans la grotte ?

Stéphane : - La prochaine fois que tu vois Francis, demande-lui s'il a bien connu Catherine M !... ne te trompe pas de prénom !.. Mais bon, droit aux apparitions ! Donc, chaque samedi, ça fumait, ça buvait et ça baisait. On est tout simplement *un samedi soir sur la terre* !

Pascal : - Alors ça vient de là ?

Stéphane : - Francis n'est pas du genre à puiser son inspiration dans la littérature ! Alors, dans ces cas-là, à part raconter sa vie...

Sauf pour *la corrida* ! Demande pas pourquoi, j'y reviendrai. Et c'est pour cela qu'après avoir planté le décor, Keating se masturbe.

Pascal : - Devant tout le monde ?

Stéphane : - Question de tradition, dans la grotte, pas d'intimité.

Pascal : - Mais Francis n'a jamais chanté la masturbation.

Stéphane : - Tu ne connais pas *Ma place dans le trafic* ?

Pascal : - Si. Mais il n'y parle pas de masturbation.

Stéphane : - Qu'est-ce qu'il fait, Francis, quand il a le blues ?

Pascal : - Le 12.

Stéphane : - Et pour toi ça signifie qu'il appelle les renseignements !

Pascal : - Oui, je sais, c'est con, mais avec blues, tu as peu de rimes ! C'est une chanson de variété !

Stéphane : - Arthur Rimbaud, il est midi, ça ne te dit rien ?

Pascal : - Il est midi ! Le 12 ! Ah oui, je n'avais jamais fait le rapprochement ! Terrible le Francis, l'idole des onanistes !

Stéphane : - Eh oui, il décroche son téléphone non pas pour appeler les renseignements, mais pour ne pas être dérangé.

Pascal : - Attends... Tu crois qu'il a vraiment compris le sens de ce qu'il chante ? Tu crois qu'il a lu un livre sur les blagues sexuelles ? Ou c'est simplement qu'avec *blues* il n'a trouvé que *douze* pour la rime ?

Stéphane : - Ça peut effectivement être un aveu inconscient, du même ordre que les lapsus révélateurs ou la crampe de l'écrivain.

Pascal : - Je lui demanderai !

Stéphane : - Donc, un soir, est-ce un samedi ou non, tu vérifieras si tu le veux, cent-quinze ans jour pour jour après la première apparition de la Vierge à Bernadette Soubirous, Jésus se lève, agité comme toujours quand il se lève après deux joints, il se cogne la tête comme d'habitude, la grotte fait au plus un mètre cinquante de haut, il insulte le plafond, en italien comme d'habitude, l'accuse de ne pas avoir bougé alors qu'il l'avait bien vu arriver, le traite de chauffard.

Pascal : - *Un chauffard* ça vient de là ?

Stéphane : - Qui sait ! Et là, si tu as vu *Gost,* tu peux imaginer la scène, Jésus se met à parler avec l'accent Belge : « trop tard pour avoir un fils ; oui, je suis condamné, je veux qu'on rit, je veux qu'on danse, mais la pourriture est en moi ; les presque morts peuvent parfois vivre comme des morts quand ils ont compris que ce que l'on appelle Dieu... Dieu c'est ce qu'on a d'éternel en soi... alors tu seras mon fils, j'avais rêvé mieux, mais plus le temps de chercher... Toi ou un autre ! T'en fais pas pour les textes, tu n'arriveras jamais à ma cheville, là n'est pas l'essentiel, mais on te remarquera, un plus mauvais que toi te remarquera, et je veux un succès avant cinq ans. »

Pascal : - Tu as essayé d'imiter Jacques Brel ?

Stéphane : - Tu devines bien que sa blonde essaye de le calmer presque dès le départ, tirant sa liquette, criant « *tu fais honte à voir* », mais rien ne pouvait l'interrompre.

Pascal : - J'ai vu *Gost*. Mais qu'est-ce que tu racontes ?

Stéphane : - La première apparition.

Pascal : - Alors un jour, Cabrel shouté, se lève et débite des élucubrations, et ce serait une apparition !

Stéphane : - Incrédule, va !

Pascal : - Du charlatanisme d'étudiants farceurs, ton truc.

Stéphane : - Mais toute la soirée, Jésus reste hagard, répétant « *Jacques Brel ; moi fils Jacques Brel, fils Jacques Brel vouloir retourner Belgique.* » Sa blonde l'a veillé, là, dans la grotte, toute la nuit, et le lendemain matin son père est venu le chercher, ils l'ont transporté, redescendu de la colline à dos d'âne. Paraîtrait que ses longs cheveux balayaient le sol.

Pascal : - Ça, il faudrait une photo !

Stéphane : - Puis ils l'ont couché, n'osant le montrer à un médecin, de peur qu'on l'enferme, ou qu'on place la famille en quarantaine. Ils craignaient une variante de la tremblante du mouton, l'aspergeaient d'eau bénite et d'une mixture italienne à base d'urine de pouliche, car il n'avait toujours pas dormi et continuait d'égrainer sa rengaine «

Jacques Brel ; moi fils Jacques Brel, fils Jacques Brel vouloir retourner Belgique. »

Pascal : - Y'a des témoins ?

Stéphane : - Ah ! Tu commences à croire, Saint Thomas, va ! Les témoins. On ne peut pas les nommer ses disciples, plutôt ses acolytes, car c'était le gringalet de la bande, de plus fils d'italien. On l'appelait « Jésus du macaroni. » Plus tard, ça été « Jésus de la chance. » Il vaut mieux éviter d'écorner la légende mais parfois, faute de femme, comme la tournante était une tradition, tu t'imagines bien, le plus musclé ne se retrouvait pas au centre.

Pascal : - Ça viendrait donc de là, quand on dit, Francis était renfermé, presque autiste, maintenant on balance pour faire bien *quelqu'un de l'intérieur...* De l'intérieur oui ! (*il se marre*)

Stéphane : - Mais Jésus, bien sûr, a voulu retourner à la grotte. Dès qu'il en eut la force, il est reparti, des gousses d'ail autour du cou, sa mère ne le laissant plus sortir sans. Et il verra Jacques autant de fois que Bernadette a vu Marie.

Pascal : - Tu en es certain, de ça ?

Stéphane : - Incrédule. Ecoute plutôt d'autres apparitions ! Jésus toujours, se lève, se cogne, maintenant plus personne ne rigole. Et c'est parti : « *tu ne peux pas t'appeler ainsi. Il te faut un vrai nom de scène. Tu ne peux pas non plus t'appeler Jésus Brel. Je suis encore vivant, et on me demanderait des explications. Comme si ces humains peuvent comprendre ! Alors tu mets un K devant mon nom, tu t'appelles K Brel. Bon, tu ajoutes un a, tu as le cerveau moins lent que la dernière fois, on voit que ta biche t'a interdit le cannabis, pas bon le cannabis, pas bon non plus les Gauloises... ni les Gaulois, faut que tu arrêtes ça... enfin continue tant que tu vends des chaussures. À la prochaine, fiston, et finie la comédie « moi fils Jacques Brel et tout le tralala », il va te falloir des forces, fiston, de la dignité, tu n'es plus un vulgaire. »*

Pascal : - Alors Cabrel... ce n'est pas son vrai nom !

Stéphane : - Parole de Keating !

Pascal : - Mais pourquoi ce n'est pas écrit dans sa bio ?

Stéphane : - Attends, je ne sais pas si tu as bien suivi mais en 1973, Jacques Brel a certes fait ses adieux à la scène mais il sort encore des albums. Alors, tu vois un peu, quand la Sainte Vierge, pourtant dans son rôle, apparaît à Lourdes, tout le pataquès, alors là, Astaffort, du jour au lendemain devenait Woodstock sur Garonne si l'affaire s'ébruitait. On est au-delà de la transmission de pensées, c'est de la transmigration des âmes ! En plus, Jacques Brel, même si Brassens l'appela l'abbé Brel, n'est pas l'ami des bigotes. Le Vatican aurait hurlé « Satan ! » Et choisir un fils d'italien pour fils adoptif, quel manque de classe !

Pascal : - Mais tout le monde va le savoir maintenant !

Stéphane : - Normalement non... j'ai dû jurer. Seuls les stagiaires des *rencontres d'Astaffort* ont le droit de savoir, ce qui nous confère le statut de membres d'une confrérie bien particulière. Et quand Francis aura rejoint Jacques à Hiva Oa, puisque lors de la dernière apparition, il a ordonné à son fils adoptif d'être enterré près de lui, nous partirons répandre la bonne parole. Keating a déjà les maquettes des gadgets, parce qu'on viendra à Astaffort chercher des souvenirs comme aujourd'hui à Lourdes, un marché colossal. Kabrelossal même.

Pascal : - Acheter une maison à Astaffort, ce serait un bon placement...

Stéphane : - Tu n'as jamais entendu les mauvaises langues prétendre que notre cher Francis se livre à une véritable razzia immobilière ?... Ce ne serait pas pour le bon air retraité par Golfech...

Pascal : - Golfech, c'est la centrale nucléaire, dis-moi si je me trompe ? (*Stéphane valide de la tête*)... Mais Francis, c'est son vrai prénom, au moins ?

Stéphane : - Ah, ça ! Je sais aussi ! Un soir, Jacques Brel arrive bourré. Jacques bourré dans Jésus à jeun, une sacrée soirée ! Et il n'est pas seul, il a emmené Johnny Hallyday, bien sûr Johnny est encore plus bourré que lui et n'en a jamais rien su, ça fait marrer Jacques, il répète, « *ce petit con* », ce petit con en parlant de Johnny, pas de Jésus, tu as suivi...

Pascal : - Je savais pas que Jacques Brel était pote avec Johnny.

Stéphane : - Après deux grammes, Jacques aurait même fait copain-copain avec Sardou ! Donc Jacques a dit « *ce petit con, demain il va se réveiller à côté d'une dame, une dame de Haute-Savoie, et il saura même pas que ce sera grâce moi, un cadeau du vieux, il saura plus rien ce petit con, il picole et il devient un autre... quelle chance il a ! je suis trop lucide moi, même en picolant je vois toujours les biches comme elles sont.* »

Pascal : - Mais tu ne m'as pas raconté, pourquoi Francis ?

Stéphane : - C'est Johnny, entré dans Mariette, Mariette ou une autre, enfin une blonde, et qui a bafouillé « *salut à toi, le messie des hippies de San Francisco.* » Et là, Jacques a saisi le mot au vol : « *tu es incapable d'écrire une chanson mais toi aussi tu portes en toi la lumière ; Francisco francisé, mon fils, tu t'appelles Francis Kabrel* »

Pascal : - Mais Kabrel, ça s'écrit pas avec un K.

Stéphane : - Connerie d'un imprimeur. Au premier album de Jésus, l'imprimeur, juste avant le lancement des rotatives, vérifie, et voit Francis Kabrel, il jure, « quel est le con qui m'a mis un K » et il corrige, croit bien faire en mettant un C. Et voilà.

Pascal : - Mais son vrai nom à Francis ?

33

Stéphane : - Le secret le mieux gardé d'Astaffort... Va interroger les vieux et tous te répondront « *on se mêle pas des affaires des gens millionnaires* », un secret mieux protégé que ne le fut l'existence de Mazarine...

Pascal : - Attends, entre Cabrel et Mitterrand, quand même !

Stéphane : - Attends, les « *je sais pas comment* », ils viennent d'Italie, et il ne serait pas surprenant qu'à côté de sa famille, Montecristo fasse valet enrichi.

Pascal : - Alors, ce n'est pas avec la vente de ses albums qu'il achète tout Astaffort ?

Stéphane : - Le premier album, qui, à part sa famille, l'a acheté ? Il a utilisé la technique classique, acheter lui-même pour faire croire que ça se vend, sinon il n'aurait jamais enregistré un deuxième album.

Pascal : - Je savais que le premier ne s'était pas très bien vendu, mais pas à ce point.

Stéphane : - Confidence de nain de grotte... Comme on avait tous juré devant la trace, les langues se déliaient.

Pascal : - Il y a une trace des apparitions de Jacques Brel dans la grotte ?

Stéphane : - La trace. Dans le coin gauche de la grotte. La trace blanche preuve que Francis faisait bien le douze quand il avait le blues. Un soir, il était tellement dégoûté que Jacques Brel ne vienne pas, et en plus sa blonde ne voulait pas avec lui, elle en avait marre de son odeur d'ail, qu'il a commencé à faire le douze. Et juste au bon moment, Jacques apparaît, alors Jacques a dit « *je te congèle ça pour l'éternité ; ainsi les incrédules pourront toucher.* »

Pascal : - Ses potes devaient commencer à flipper ?

Stéphane : - Tu as déjà entendu la belle histoire d'un Francis resté proche des amis de son enfance ?

Pascal : - Ça oui !

Stéphane : - Tu vois, la preuve est là. Il se sent lié. Ils ont son secret, ils ont juré le silence à condition d'obtenir une part du gâteau.

Rideau

« *Révélations* » sur « *les apparitions d'Astaffort* » Jacques Brel / Francis Cabrel (les secrets de la grotte Mariette)

Acte 2

Stéphane : - Et la soirée se finit comment ?
Pascal : - Après la tournante, on repart en psalmodiant.
Stéphane : - En chantant quoi ?
Pascal : - *Un K devant un nom*

Mettre un K
Devant l'nom
De quelqu'un
Pour se lancer
Il suffisait d'y penser
Et le pognon
Il l'a ramassé

Un K devant un nom
C'est canon
Pour se faire du pognon

Une carrière
Tu sais bien
Que ça tient
À trois fois rien
Faut qu'médias et ménagères
Retiennent le nom
Retiennent le nom

Un K devant un nom
C'est canon
Pour se faire du pognon

Oui je vais
Moi aussi
Essayer
Faut qu'je choisisse
Cabrassens ou Caferré
Ou K-k-brel
Faut qu'je choisisse

Un K devant un nom
C'est canon
Pour se faire du pognon

Pascal : - Celle-là, elle me plaît vraiment ! Tu en as d'autres ?
Stéphane : - Le samedi soir sur ses terres

Est-ce que le samedi soir ses terres
Il s'assoit et revoit tout c'qu'il a dû faire
Pour devenir adjoint au maire
Mieux salué que le notaire

L'as... l'as fortuné
L'astaffortuné
La star for ever
Rêveur
Rêveur référence
En France

Est-ce que le samedi soir sur ses terres
Il énumère tout c'qui pourrait le distraire
Des bisons et des autruches
Une vigne et quelques ruches

Est-ce qu'il rêve de rencontrer quelqu'un
Et de se serrer la main comme des humains
Que tout soit pas faussé d'avance
Par le fossé des apparences

L'as... l'as fortuné...
L'astaffortuné
La star for ever
Rêveur
Rêveur référence
En France

Est-ce que le samedi soir sur ses terres
C'est toujours le douze la réponse au blues
Ou est-ce que flottent dans les airs
Les figurines douces sous leur blouse

Est-ce que le samedi soir le propriétaire
Quand il devient un père en colère
On lui répond « cool papa cool »
« Ici t'es pas l'idole des foules »

L'as... l'as fortuné...
L'astaffortuné
La star for ever
Rêveur
Rêveur référence
En France

Pascal : - C'est encore mieux que les parodies. Je comprends pas que ça ne fasse pas la une !
Stéphane : - Soit Cabrel n'intéresse pas autant qu'on pourrait le croire, soit le pouvoir du type ! Mais écoute ça !

Les Dupond Dupont de la chanson

La ménagère de sept à cent-dix ans
Figée devant son écran
Le présentateur lance des fleurs
Les annonceurs font leur beurre

Les Dupond Dupont de la chanson
C'est la variété rêvée
Pour animer
Une sacrée petite soirée

Ils s'ront un peu bougons un peu boudeurs
Mais jamais d'mauvaise humeur
C'est politiquement correct
La vacuité is perfect

D'un côté les bluettes de l'autre l'Arlette
Le chanteur engagé kitch
C'est la fête au ras des pâquerettes
L'adjoint au maire fait son speech

Les Dupond Dupont de la chanson
C'est la variété rêvée
Pour animer
Une sacrée petite soirée

Stéphane : - Qui est-ce, selon toi le dupon, avec un t ?
Pascal : - Je mise sur Souchon ! J'ai bon ?
Stéphane : - Vous avez gagné le droit d'en savoir plus !
Pascal : - Attends, les révélations plus ces textes, t'écris un livre, ça fait un tabac !
Stéphane : - Mais pas un éditeur n'osera le

40

publier de son vivant, n'osera affronter Saint Francis d'Astaffort comme on le surnomme en cachette... Paraît, son père venait d'Assise...

Pascal : - Quoi ? Un descendant de Saint François d'Assise ?

Stéphane : - Par la ligne cadette !

Pascal : - Je comprends maintenant pourquoi Isabelle Boulay est subjuguée !

Stéphane : - Tu as tout compris !

Pascal : - Vous deviez tous être secoués après ça ?

Stéphane : - Et tu comprends pourquoi je t'ai raconté ?... Non ? Tu as participé aux *rencontres d'Astaffort*, donc tu as le droit d'être du secret... et tu n'as pas juré...

Pascal : - J'ai le droit de raconter alors !

Stéphane : - Une faille dans le système ! D'après moi, rien ne t'en interdit, comme rien n'interdisait mes confidences !

Pascal : - J'ai une meilleure idée ! Je rédige tout ce que tu m'as révélé et après je téléphone à Francis pour lui proposer un deal, il prend mes textes ou je divulgue tout !

Stéphane : - Et aussi mes textes, je suppose.

Pascal : - Euh... oui bien sûr !

Stéphane : - Mais non, il vaut mieux raconter... Nous ne sommes pas de taille à lutter contre l'empire d'Astaffort. C'est uniquement par internet que tu peux répandre la grande nouvelle : Jacques Brel a fait une connerie !

Pascal : - Une sacrée connerie !

Stéphane : - Et Cabrel a signé *la corrida* car

41

Jacques Brel n'est pas satisfait de sa chanson *les toros*, alors il lui a envoyé par sms intersidéraux les paroles... Tu comprends pourquoi *la corrida* est le meilleur texte de Francis, même moi je le trouve bon !

Pascal : - Et après, vous avez aussi écrit des trucs sur Cabrel, je suppose.

Stéphane : - Un mec a proposé :

Moi je n'étais rien
Et voilà qu'aujourd'hui
Je suis le gardien des champions du monde
J'attire même les blondes
Elles aiment mon cuir... elles aiment mon cuir

Pascal : - Bof... et toi ?

Stéphane : - Une variation sur *Quelqu'un de l'intérieur*

Je suis quelqu'un de l'intérieur
J'aime regarder courir les footballeurs
Devant mon écran
Je passe le temps
Je suis quelqu'un de l'intérieur

C'est un crétin de l'intérieur
Des pantins le proclament rêveur
Mais il a tout l'argent qu'il lui faut
Alors il admire son ego
C'est un crétin de l'intérieur

Je sais, c'est sûrement trop facile. Mais j'ai aussi une réponse à son *Hors-saison*. Il me manque encore des couplets : *Hors saison (à la maison)*

La regarder la mer
Puisqu'elle continue sa colère
Son va et revient routinier
Même sans les vacanciers

Compter les grains de sable
Les beaux bateaux inabordables
Les déchets échoués la nuit
Couches-culottes - parapluies

Tu sais c'est pas volontaire
Si hors saison
On reste à la maison
L'air des stations balnéaires
On le respire
Moins souvent qu'on y aspire

Pascal : - Je vais essayer de trouver mieux !
Alors on crée un site internet ?
www.franciscabrel.com c'est déjà pris...

Stéphane : - www.censures.info J'ai réservé,
ainsi on pourra s'en servir pour les prochaines
révélations sur Alain Souchon.

Pascal : - Si tu prétends qu'il a vu Brassens,
je doute de tout !

Stéphane : - Mais non, c'est juste un mec qui
chante Arlette Laguiller. Ça ne te semble pas
bizarre, toi, qu'il essaye ainsi de rendre
sympathique la pasionaria de la dictature du
prolétariat ?

Pascal : - Tu as des infos ?

Stéphane : - J'ai un pote sur l'affaire. En plus,
ça tourne autour d'une sale histoire qui s'est
déroulée à Cahors.

Pascal : - Tu es certain ? Je n'ai jamais entendu de rumeur...

Stéphane : - Mais il va te falloir être patient... Pense déjà à faire bon usage des révélations...

Pascal regarde sa montre...

Pascal : - Nous n'avons pas eu le temps de parler de tes textes ! Tu sais que j'ai rendez-vous avec la femme du maire... elle n'est plus toute jeune mais elle voudrait enregistrer un album...

Stéphane : - Hé oui, dans la chanson, les femmes un peu âgées aiment les jeunes auteurs amants...

Pascal : - Qu'est-ce que tu crois !

Stéphane : - On apprend de ces choses, quand on passe une semaine dans le show-biz !

Pascal vide sa bière, se lève, Stéphane se lève aussi, ouvre la porte, ils sortent... Stéphane revient...

Stéphane : - La suite au prochain numéro !

Auteur

Stéphane Ternoise est né en 1968. Il publie depuis 1991. Il est depuis son premier livre éditeur indépendant.

Dès 2004, il a proposé des livres numériques, en PDF. Mais c'est en 2011 seulement que les ventes dématérialisées ont démarré. Son catalogue numérique (depuis mi 2011 distribué par Immateriel) a ainsi rapidement dépassé celui du papier, grâce à des essais, des livres de photos... tout en continuant la lente écriture dans les domaines du théâtre et du roman. Depuis octobre 2013, et son « identifiant fiscal aux États-Unis », son catalogue papier tend à rattraper celui en pixels.
http://www.livrepapier.com ou
http://www.livrepixels.com

Il convient donc, de nouveau, d'aborder l'auteur sous le biais de l'œuvre. Ainsi, pour vous y retrouver, http://www.ecrivain.pro essaye de fournir une vue globale. Et chaque domaine bénéficie de sites au nom approprié :
http://www.romancier.net
http://www.dramaturge.net
http://www.essayiste.net

http://www.lotois.fr

Vous pouvez légitimement vous demander pourquoi un auteur avec un tel catalogue ne bénéficie d'aucune visibilité dans les médias traditionnels. L'écriture est une chose, se faire des amis utiles une autre !

Mentions légales

Tous droits de traduction, de reproduction, d'utilisation, d'interprétation et d'adaptation réservés pour tous pays, pour toutes planètes, pour tous univers.

Site officiel : http://www.ecrivain.pro

Théâtre : http://www.dramaturge.fr

Dépôt légal à la publication au format ebook du 15 juillet 2011.

Imprimé par CreateSpace, An Amazon.com Company pour le compte de l'auteur-éditeur indépendant.
livrepapier.com

EAN 9782365415378
ISBN 978-2-36541-537-8
« Révélations » sur « les apparitions d'Astaffort » - *Jacques Brel / Francis Cabrel (les secrets de la grotte Mariette)*, de Stéphane Ternoise
© **Jean-Luc PETIT - BP 17 - 46800 Montcuq - FRANCE**

www.ingramcontent.com/pod-product-compliance
Lightning Source LLC
Chambersburg PA
CBHW060058050426
42448CB00011B/2526